BEI GRIN MACHT SICH IHR WISSEN BEZAHLT

- Wir veröffentlichen Ihre Hausarbeit,
  Bachelor- und Masterarbeit

- Ihr eigenes eBook und Buch -
  weltweit in allen wichtigen Shops

- Verdienen Sie an jedem Verkauf

Jetzt bei www.GRIN.com hochladen und kostenlos publizieren

Persönlichkeitspsychologie. Persönlichkeit, Gesundheit, Persönlichkeitstests und Kreativität

Vivien Albers

Bibliografische Information der Deutschen Nationalbibliothek:

Die Deutsche Nationalbibliothek verzeichnet diese Publikation in der Deutschen Nationalbibliografie; detaillierte bibliografische Daten sind im Internet über http://dnb.d-nb.de abrufbar.

ISBN: 9783346743022
Dieses Buch ist auch als E-Book erhältlich.

Druck und Bindung: Books on Demand GmbH, Norderstedt Germany
Gedruckt auf säurefreiem Papier aus verantwortungsvollen Quellen

Das vorliegende Werk wurde sorgfältig erarbeitet. Dennoch übernehmen Autoren und Verlag für die Richtigkeit von Angaben, Hinweisen, Links und Ratschlägen sowie eventuelle Druckfehler keine Haftung.

Das Buch bei GRIN: https://www.grin.com/document/1282452

Inhaltsverzeichnis

Abkürzungsverzeichnis

bspw.	beispielsweise
bzw.	beziehungsweise
d.h.	das heißt
DSM-IV	Diagnostisches und Statistisches Manual Psychischer Störungen, 4. Auflage
engl.	Englisch
etc.	et cetera
ggf.	gegebenenfalls
ICD-10	Internationale Statistische Klassifikation der Krankheiten und Verwandter Gesundheitsprobleme, 10. Auflage
MBSR	Mindfullness-Based Stress Reduction
mind.	mindestens
PCL-R	Psychopathie- Checkliste von Robert D. Hare
u.a.	unter anderem
sog.	sogenannte
VKT	verbaler Kreativitätstest von Schoppe
VWT	Verwendungstest von Facaoaru
WHO	World Health Organization
z.B.	zum Beispiel

1. Aufgabe B1: Persönlichkeit und Gesundheit

Im folgenden Kapitel wird der Zusammenhang von Persönlichkeit und Krankheit anhand von drei Erklärungsansätzen dargestellt. Im Unterkapitel 1.2 wird eine Übersicht gesundheitsrelevanter Persönlichkeitsmerkmale dargeboten. Zwei dieser Merkmale werden im Unterkapitel 1.2.2 und 1.2.3 näher erklärt.

1.1 Zusammenhang Persönlichkeit und Krankheit

Neben der Persönlichkeitspsychologie leistet auch die Gesundheitspsychologie einen Beitrag zu der Fragestellung nach dem Zusammenhang von Persönlichkeit und Gesundheit. Die Gesundheitspsychologie beschäftigt sich mit den psychischen und sozialen Faktoren organischer Erkrankungen. Betrachtet werden dabei Aspekte des psychischen Erlebens, wie Emotionen, Kognitionen und Verhalten, sowie Eigenschaften, soziale Beziehungen, Umwelten und psychophysische Mechanismen der Person (Becker, 2014, S. 24). Dabei wird angenommen, dass Gesundheit nicht die Abwesenheit von Krankheit bedeutet.

Um den Zusammenhang von Persönlichkeit und Gesundheit zu erklären, gibt es mehrere Ansätze. Drei von diesen Modellen werden im Weiteren beschrieben.

Das erste Modell nimmt einen korrelativen Zusammenhang zwischen Persönlichkeit und Gesundheit an. Das bedeutet, dass die gleichen biologischen Ursachen sowohl für Krankheit als auch für die Persönlichkeit verantwortlich sind. Beides ist Ausdruck oder Folge einer gemeinsamen genetischen Prädisposition. Eine genetisch bedingte erhöhte physiologische Stressreaktivität kann z.B. die Entstehung von verschiedenen Erkrankungen fördern und sich unabhängig davon, in Erlebens- und Verhaltensweisen niederschlagen (Weber & Vollmann, 2005, S.526). Ein weiteres Beispiel liefern Maltby et al. (2011, S.852). So kann eine Person aufgrund des gleichen Gens anfällig für koronare Herzkrankheiten sein und die Disposition haben, sich feindselig zu verhalten. Die Genetik liegt also der Erkrankung und der Persönlichkeit zugrunde.

Im zweiten Modell wird angenommen, dass Persönlichkeitsmerkmale die Gesundheit über direkte Folgen von Verhalten beeinflussen können. Verhaltensweisen sind also eine moderierende Variable zwischen Persönlichkeit und Gesundheit und können unmittelbar gesundheitsfördernd oder -gefährdend sein (Maltby et al., 2011, S.852; Weber & Vollmann, 2005, S. 525). So gibt es bestimmte Verhaltensweisen, die das Risiko erhöhen zu erkranken. Zum Beispiel durch den Konsum von Alkohol, Drogen, Nikotin oder die Tendenz, sich ungesund zu ernähren. Auch die Risikobereitschaft und andere Persönlichkeits-eigenschaften, wie „Sensation Seeking" und die Tendenz, unangenehme, aber wichtige Verhaltensweisen zu verzögern bzw. aufzuschieben, gehören dazu. Diese Eigenschaften hindern Personen daran, Krankheiten vorzubeugen und ärztlichen Ratschlägen zu folgen (Ferrari & Beck, 1998, S. 529-530; Tice & Baumeister, 1997, S. 454-455). Andere Persönlichkeitsmerkmale wie die Gewissheit, eines der Big Five Merkmale, sind mit einem besseren Gesundheitsverhalten verbunden, d.h. weniger Alkohol- und Nikotinkonsum und weniger Unfallrisiken (Weber & Vollmann, 2005, S. 526).

Im dritten Modell werden Persönlichkeitsmerkmale nicht als Ursache, sondern als Folge von Erkrankungen angenommen. Durch sie entstehen krankheits-induzierte Persönlichkeitsveränderungen. So können starke Migräneanfälle bspw. dazu führen, dass sich Personen vom gesellschaftlichen Leben isolieren und dadurch niedrigere Werte auf der Dimension Extraversion aufweisen. Personen mit einem Gehirntumor oder anderen neurologischen Zustandsbildern, können Veränderungen in Stimmungslage und andere psychologische Folgen erleiden (Becker, 2014, S. 26). Akute gesundheitliche Krisen, wie Herzinfarkt oder chronische Erkrankungen gehen einher mit signifikanten psychologischen Auswirkungen (Heckhausen & Schulz, 1995).

Pathogene Prozesse bestimmen jedoch schon vor der Entdeckung und Manifestation der Erkrankung die Ausprägung der Persönlichkeitsmerkmale. Diese Persönlichkeitsmerkmale, wie z.B. Depression können sich dann reaktiv, d.h. in Folge von der Kenntnis und Diagnose der Erkrankung entwickeln (Weber & Vollmann, 2005, S. 527).

1.2   Gesundheitsrelevante Persönlichkeitsmerkmale

Persönlichkeitsmerkmale können die Gesundheit direkt oder indirekt beeinflussen und dabei eine gesundheitsfördernde oder -gefährdende Wirkung entfalten. Diese gesundheitsrelevanten Persönlichkeitsmerkmale lassen sich in zwei Gruppen einteilen. Dazu gehören kognitive und affektive Merkmale (Weber & Vollmann, 2005, S. 525-527). Im Folgenden werden gesundheitsrelevante Persönlichkeitsmerkmale kurz beschrieben.

Soziale Unterstützung ist das Ausmaß, in dem man bei der Bewältigung emotional belastender Situationen, die Hilfe von Anderen erhält. Diese Hilfe kann darin bestehen, von anderen Personen emotional unterstützt zu werden z.B. durch die Spende von Trost oder instrumentell unterstützt zu werden z.B. durch finanzielle Beiträge oder Ratschlägen (Asendorpf & Neyer, 2011, S. 251).

Dispositioneller Optimismus ist eine allgemeine positive Ergebniserwartung. Dabei spielt es keine Rolle, ob die Person einen Einfluss auf die Geschehnisse hat oder ob diese sich unabhängig von den Handlungen der Person positiv entwickeln (Schreier et al., 2001). Dabei ist zwischen dem defensiven und dem funktionalen Optimismus zu unterscheiden. Defensiver Optimismus ist charakterisiert durch die Abwehr von Bedrohungen und kann zu gesundheitlichen Risiken führen. Funktionaler Optimismus dagegen, begünstigt, dass gesundheitsfördernde Verhaltensweisen aufgenommen werden (Schwarzer, 1996; Renner, 2009, Faltenmaier, 2005, S. 158-159).

Den Begriff der **Kontrollüberzeugung** wurde von Rotter (1966) definiert, als Persönlichkeitsmerkmal, durch das sich internalisierende Typen und externalisierende Typen unterscheiden. Internalisierende Typen sehen Verstärkung als durch interne Faktoren bedingt. Das bedeutet, dass sie der Überzeugung sind, über die Kontrolle von Ereignissen ihres Lebens zu verfügen. Für Externalisierende Typen ist Verstärkung abhängig von externen Faktoren, welche nicht ihrer Kontrolle unterliegen (Rotter, 1966). Verstärker sind Reize, die aufgrund bestimmter Verhaltensweisen folgen und bestimmen, ob diese Verhaltensweisen vermehrt oder vermindert gezeigt werden.

Selbstwirksamkeit ist ein Konzept Banduras (1997) sozial-kognitiver Lerntheorie und beschreibt die Überzeugung, gewünschtes Verhalten auch angesichts von Hindernissen ausführen zu können (Weber & Vollmann, 2005). Die Selbstwirksamkeitserwartung ist ein Prädiktor für erfolgreiches Gesundheitsverhalten. Eine hohe Selbstwirksamkeitserwartung hilft Personen, Diäten einzu-halten, sich das Rauchen zu entwöhnen und belastende Situationen besser zu überwinden (Salewski & Renner, 2009).

Kohärenzsinn ist die Überzeugung und die Zuversicht, dass Anforderungen des Lebens bewältigt werden können, dass Geschehnisse des Lebens verstehbar, strukturiert und vorhersehbar sind und dass sie Bedeutung und Sinn haben. Nach Antonovsky (1987) ist es die generelle und universelle Widerstandsfähigkeit, vor allem in Zeiten hoher Belastung, stresshafte Erfahrungen ohne oder mit geringen gesundheitlichen Einbußen zu überstehen. Der Kohärenzsinn hängt positiv mit subjektivem und körperlichem Wohlbefinden zusammen (Weber & Vollmann, 2005).

Neurotizismus ist eine zentrale Disposition negativer Gefühle und damit die Abwesenheit von subjektivem Wohlbefinden (Faltermaier, 2005, Weber & Vollman, 2005). Dieses Konstrukt steht in Zusammenhang mit negativer Affektivität, d.h. die Neigung zu negativen Emotionen, z.B. Ängstlichkeit, Schuldgefühlen und geringem Selbstwertgefühl (Weber & Vollmann, 2005).

Feindseligkeit geht einher mit einer erhöhten Ärgerneigung gegenüber anderen Personen, sowie einer ineffektive persönliche Ärgerregulation. Sie wird häufig im Zusammenhang mit dem sog. Typ-A-Verhaltensmuster diskutiert und ist diejenige Komponente, die im Typ-A-Verhaltensmuster eine gesundheits-relevante Rolle spielt (Mittag, 1999). Typ-A-Persönlichkeiten sind gekenn-zeichnet durch einen stark ausgeprägten Ehrgeiz, hohe Wettbewerbs-orientierung, starker Drang nach Leistung, Aggressivität und Perfektionismus. (Friedman & Rosenman, 1974).

Emotionsregulation kann in zwei Formen unterschieden werden. Zum einen in Form von kognitiver Umstrukturierung, bei denen kritische Situationen positiv interpretiert werden z.B. durch Humor, Distanzierung oder positive Umdeutung (Weber & Titzmann, 2003). Zum anderen durch die bewusste Unterdrückung von subjektiv erlebten (Stress-)Emotionen. Durch die erhöhte physiologische Aktivierung sind damit langfristig negative Folgen für die Gesundheit verbunden (Gross, 1998).

Stressbewältigung oder „**Coping**" ist der Prozess der Bewältigung externer und interner Anforderungen, die von der Person als die eigenen Ressourcen beanspruchend oder übersteigend erlebt wird (Lazarus & Folkman, 1984). Somit ist es das Bewältigen von subjektiver Belastung. Menschen unterscheiden sich im Umgang mit Stress, hinsichtlich ihrer Strategie und dessen Effektivität. Ziel ist es, emotionale Belastung abzubauen (Becker, 2014, S. 27).

1.2.1 Stressbewältigung

Personen reagieren nicht automatisch auf Stressreize, d.h. Stressbewältigung bzw. Coping ist eine bewusste Entscheidung. Ob eine Situation als Stressor auf eine Person einwirkt, hängt von ihrer kognitiven und subjektiven Bewertung ab. (Faltermaier, 2005, S. 77-82, Becker, 2014, S. 27).

Zu den zentralen Bewältigungsstrategien gehören problemzentrierte Strategien, emotionszentrierte Strategien, Annäherung, Vermeidung, Engagement und Disengagement. Bei problemzentrierten Strategien wird der Fokus auf das Problemlösen und die Suche nach instrumenteller Unterstützung gelegt. Emotionszentrierte Strategien werden angewendet, um Emotionen zu regulieren und zu entspannen. Dabei wird nach emotionaler Unterstützung gesucht, was gesundheitsfördernd ist oder es wird zu destruktiven Emotionsregulationen gegriffen z.B. Ärger, Selbstmitleid oder Alkohol, um negative Emotionen zu dämpfen. Diese Mittel sind gesundheitsgefährdend. Bei der Annäherung geht es um Informationssuche, Bedrohungszuwendung und Erinnerung an Erfahrungen mit ähnlichen Situationen. Bei der Vermeidung wird sich dagegen von der Bedrohung abgewendet und distanziert. Dies kann sowohl physisch als auch kognitiv geschehen. Engagement bedeutet, sich mit dem Problem auseinander-zusetzen, Emotionen zu regulieren und ggf. negative Gefühle auszudrücken. Beim Disengagement werden Probleme eher geleugnet, es wird sich sozial zurückgezogen und zu Substanzen wie z.B. Alkohol oder Nikotin, gegriffen (Compas et al., 2001, Connor-Smith & Flachsbart, 2007, Skinner et al., 2003).

Um diese und weitere Bewältigungsstrategien zu fördern gibt es eine Reihe von Ressourcen und Trainingsmaßnahmen, die im Rahmen eines betrieblichen Gesundheitsmanagements berücksichtigt werden können.

Entspannungstrainings, wie die Progressive Muskelrelaxation nach Jacobson (2006) sind empirisch gut untersuchte Standardmethoden. Diese stellen einen effektiven Weg zur Reduktion allgemeiner psychophysischer Aktivierung in Belastungssituationen dar (Hamm, 1993; Ohm, 1992; Gröninger & Stade-Gröninger, 1996). Dabei wird die Aufmerksamkeit auf bestimmte Muskelgruppen gelenkt und zwischen Anspannung und Entspannung der Muskeln gewechselt. Dies wird für verschiedene Körperregionen wiederholt.

Weiterhin ist es hilfreich, förderliche Denkweisen und Einstellungen zu entwickeln. Um Stressverschärfende Denkmuster zu reduzieren und förderliche Denkmuster zu schaffen, ist es sinnvoll, den Blick auf das Positive, Erfreuliche, Gelungene und Wesentliche zu lenken, die Realität so anzunehmen, wie sie ist und Positives-Konsequenzen-Denken zu fördern, d.h. sich auf mögliche positive Folgen zu fokussieren. Auch das Ent-Katastrophisieren und Stärken-Denken, d.h. die Fokussierung auf die eigenen Stärken und Erfolge, kann helfen, diese Denkmuster zu entwickeln (Kaluza, 2018, S. 229).

Eine weitere Maßnahme ist die Stärkung der relativen Stresskompetenz. Die regenerative Stresskompetenz kann gefördert werden durch genügend Ausgleich z.B. durch Schlaf, Urlaub und andere angenehme Erlebnisse sowie Sport und Bewegung. Die mentale Stresskompetenz kann durch das Annehmen der Realität, das konstruktive Bewerten von Anforderungen, das Stärken der Überzeugung in die eigenen Kompetenzen und das Entschärfen von Stress-verstärkern, z.B. falschem Stolz, gestärkt werden. Darunter fällt perfektionistische Leistungsansprüche kritisch zu überprüfen, lernen eigene Leistungs-grenzen zu akzeptieren und sich mit alltäglichen Aufgaben weniger persönlich zu identifizieren. Die Instrumentelle Stresskompetenz kann gefördert werden durch das Erweitern der eigenen fachlichen Kompetenzen, z.B. durch Fortbildung und Austausch, das Aufbauen sozialer Netze, das Setzen von Grenzen, z.B. indem „Nein"-Sagen gelernt wird, und durch besseres Selbst- und Zeitmanagement, z.B. indem realistische Zeitpläne gesetzt werden (Kaluza, 2018, S. 197-217).

1.2.2 Selbstwirksamkeit

Selbstwirksamkeit beeinflusst, ob Aufgaben in den Angriff genommen werden, die gesundheitsfördernd bzw. fördernd für das allgemeine Wohlbefinden sind und wie beharrlich auf diese Ziele hingearbeitet wird. Sie trägt zur Entwicklung von Resilienz bei und macht es für Menschen einfacher, belastende Situationen zu ertragen (Maltby et al., 2011, S. 871). Bandura (1997) postuliert, dass es sich um ein verhaltensspezifisches Konstrukt handelt, während Schwarzer (1997) der Meinung ist, es handelt sich um ein generalisiertes, zeitlich stabiles und situationsunabhängiges Konstrukt. Er geht von einer allgemeinen Erwartung von Bewältigungs- und Problemlösungsfähigkeiten aus (Becker, 2014, S. 38).

Da menschliches Verhalten grundsätzlich von Emotionen und Gedanken gesteuert ist, ist es sinnvoll im Rahmen eines betrieblichen Gesundheits-management die Selbstwirksamkeitserwartung der Mitarbeiter zu fördern.

Bestimmte Führungsstile haben einen Einfluss auf die Entwicklung der Selbstwirksamkeit der Mitarbeiter. So hat ein transformaler Führungsstil einen positiven Einfluss auf die Selbstwirksamkeit. Ein transformaler Führungsstil ist gekennzeichnet durch die Vorbildfunktion der Führungskraft. Die Mitarbeiter werden intrinsisch motiviert, d.h. die Motivation entsteht durch ihren eigenen inneren Willen und nicht durch äußere Faktoren, z.B. Druck. Dieser Führungsstil regt höhere Bedürfnisse und Ansprüche und somit eine höhere Leistungs-bereitschaft der Mitarbeiter an und verändert die Organisationsstrukturen positiv, indem Kompetenz, Zutrauen und soziale Unterstützung der Führungskraft das Stresserleben der Mitarbeiter reduziert und ihre Selbstwirksamkeit, sowie ihr Sinneserleben positiv beeinflusst (Felfe, 2005; Barysch, 2016, S. 208).

Weitere Möglichkeiten zur Entwicklung der Selbstwirksamkeit sind positives Feedback, Erfahrung von Erfolgserlebnissen, verbale Ermutigung und emotionale Erregung (Bandura, 1977). Die Selbstwirksamkeit kann auch durch Beobachtungslernen bzw. soziales Lernen gefördert werden. Durch das Beobachten von Anderen bei der Bewältigung von Aufgaben und dem Erreichen von Zielen, wächst das Vertrauen, solche Ziele ebenfalls erreichen zu können, besonders bei Personen, die der eigenen Person ähneln oder wenn diese Person ein Vorbild darstellt (Barysch, 2016, S. 204).

2. Aufgabe B2: Persönlichkeitstests

Im Unterkapitel 2.1 werden klassische Gütekriterien von Testverfahren am Beispiel von Persönlichkeitstests erläutert. Im Unterkapitel 2.2 wird die Antisoziale Persönlichkeitsstörung knapp erläutert und erklärt, wie diese diagnostiziert werden kann.

2.1 Klassische Gütekriterien für Testverfahren

Persönlichkeitstest haben, wie jedes andere wissenschaftliche Testverfahren, gewisse Qualitätskriterien zu erfüllen. Zu den klassisches Gütekriterien eines Testverfahrens gehören Objektivität, Reliabilität und Validität. Neben diesen gibt es eine Reihe weiterer Gütekriterien, wie Normierung, Verständlichkeit und Logik, Relevanz, Originalität etc. In dieser Arbeit werden ausschließlich die klassischen Gütekriterien erläutert.

Objektivität ist der Grad der Standardisierung eines Tests. Sie beantwortet die Frage, wie sehr das Ergebnis von seinen Messumständen abhängig ist. Ein Test ist objektiv, wenn die Versuchsergebnisse unabhängig von den Rahmenbedingungen und von verfälschenden Drittfaktoren sind. Die Durchführungsobjektivität ist der Grad der Standardisierung der Rahmenbedingungen des Tests, in Bezug auf Raum, Zeit, Instruktion und Testmaterial (Becker, 2014, S. 108). Wenn man bspw. die Konzentrationsfähigkeit von Personen misst, sollte der Test zur gleichen Uhrzeit durchgeführt werden, da die Konzentration über den Tag hinweg abnimmt. Die Auswertungsobjektivität setzt voraus, dass identische Merkmale identisch bewertet werden, d.h. dass subjektive Deutungen nicht in die Interpretation eines Ergebnisses einfließen (Reinhardt, 2016, S. 17). Interpretationsobjektivität liegt vor, wenn die Interpretation unterschiedlicher Testauswerter bei den gleichen Antworten übereinstimmen und die Testauswerter zum gleichen Testergebnis kommen (Becker, 2014, S. 108).

Reliabilität ist der Grad der Zuverlässigkeit eines Tests. Sie beantwortet die Frage, wie sehr einem Ergebnis vertraut werden kann. Ein Test ist reliabel, wenn eine Wiederholung des Tests unter denselben Bedingungen, dasselbe Ergebnis hervorbringt (Reinhardt, 2016, S. 17). Die interne Reliabilität erklärt die inhaltliche Homogenität des Tests. Sie beantwortet die Frage, inwieweit die Items dasselbe Konstrukt messen, wie gut die Items zusammenwirken und ob eine hohe Interkorrelation der Items erwartet werden kann. Die Retest-Reliabilität gibt die Reliabilität über Zeit an. Sie ist zu beachten, wenn man Einstellungen und Verhaltensweisen erforschen möchte, die sich relativ konstant über Zeit entwickeln. Sie ist gegeben, wenn Ergebnisse desselben Tests und derselben Probanden nach einem bestimmten Zeitraum noch korrelieren (Becker, 2014, S. 108). Zu den Verfahren für die Erfassung der Reliabilität gehören „Test-Retest"-Verfahren, welche die Stabilität des Tests messen, „Split-Half"-Verfahren, welche die Konsistenz messen und „Paralleltest"-Verfahren, welche die Äquivalenz messen. Damit Reliabilität gegeben ist, ist es wichtig sich bei Persönlichkeitstests für die richtige Messmethode zu entscheiden. Die Messinstrumente sollten richtig eingesetzt werden und fehlerlos funktionieren, um zu verlässlichen, stabilen und zuverlässigen Ergebnissen zu kommen (Knoke, 2016, S. 57). Wenn bspw. das Stresserleben anhand der Herzratenvariabilität gemessen werden soll, das Elektrokardiogramm jedoch keine richtigen Werte anzeigt, ist das Ergebnis nicht reliabel.

Die **Validität** ist das wichtigste Gütekriterium. Sie gibt den Grad der Genauigkeit des Tests an und beantwortet die Frage, ob der Test misst was er messen soll. Die Kriteriumsvalidität ist das Ausmaß der Übereinstimmung eines Messinstruments mit anderen relevanten Merkmalen. Die konvergente Validität wird erfasst, wenn die Messung in Beziehung gesetzt wird mit anderen Daten, die ein ähnliches Konstrukt erfassen. Die Übereinstimmungsvalidität misst, wie stark Messwerte mit anderen Persönlichkeitstest in Beziehung stehen, die das gleiche Konstrukt messen sollen. Die Diskriminante Validität gibt an, inwieweit Messwerte des Konstrukts mit anderen Konstrukten zusammenhängen, von denen kein Zusammenhang erwartet werden würde. Die inkrementelle Validität ist das Ausmaß, in dem die Vorhersage eines Kriteriums durch Hinzunahme eines weiteren Tests verbessert werden kann (Becker, 2014, S. 108-109).

Die Inhaltsvalidität ist gegeben, wenn das relevante Konstrukt möglichst in allen Aspekten erfasst wird und die Items des Persönlichkeitstests das Konstrukt ausreichend repräsentieren. Die Konstruktvalidität gibt die Eignung der Operationalisierung an, d.h. inwieweit das Verfahren dasjenige Verhalten erhebt, das ihm zugrunde liegt, tatsächlich repräsentiert (Becker, 2014, S. 109). Sie ist hoch, wenn der Einfluss durch die unabhängige Variable und nicht durch externe Störvariablen zustande kommt. So sollte ein Intelligenztest auch tatsächlich die Intelligenz messen und nicht das Gedächtnis.

2.2 Persönlichkeitsstörung: Antisoziale Persönlichkeitsstörung

In der klinischen Psychologie werden u.a. mithilfe von Persönlichkeitstests psychische Störungen erfasst. Darunter fällt die Antisoziale Persönlichkeitsstörung.

Unter Persönlichkeitsstörungen werden vor allem sozial unflexible, wenig angepasste und normabweichende Verhaltensauffälligkeiten verstanden (Fiedler, 2000, S.21). Sie sind allgemein durch einen erhöhten Leidensdruck gekennzeichnet, die die Person bei der Erledigung alltäglicher Aufgaben beeinträchtigt und die Anpassung an die Realität gefährden kann. Anders als bei klinisch relevanten Störungen, sog. Psychosen, entsteht kein Realitätsverlust und die Entstehung kann bis zu einem gewissen Grad durch den lebensgeschichtlichen Kontext erklärt werden (Becker, 2014, S. 49).

Das Diagnostische und Statistische Manual Psychischer Störungen (DSM) ist ein Klassifikationssystem mit Entscheidungskriterien zur Diagnostik von psychischen Störungen. Dieses existiert in der deutschen Version seit dem Jahre 1996 in der vierten Auflage (DSM-IV). Laut dem DSM-IV könnten psychische Störungen mithilfe einzelner Achsen definiert werden. Die Antisoziale Persönlichkeitsstörung ist der Achse II zugeordnet, welche Persönlichkeitsstörungen und geistige Behinderung beinhaltet. Diese Achse lässt sich in drei Cluster aufteilen. Die Antisoziale Persönlichkeitsstörung gehört zusammen mit der Borderline-Persönlichkeitsstörung, der narzisstischen Persönlichkeitsstörung und der histrionischen Persönlichkeitsstörung zu Cluster B. Dieses Cluster repräsentiert dramatische bzw. darstellende, emotionale und erratische, d.h. verstreute bzw. wirre und abirrende Störungen (Maltby et al. 2011, S. 820).

Die Antisoziale Persönlichkeitsstörung ist durch lebenslang anhaltende, antisoziale Handlungen und durch Persönlichkeitszüge wie Impulsivität, Reizbarkeit und fehlende Reue definiert (Hodgins & De Brito, 2009, S. 117). Es besteht ein tiefgreifendes Muster von Missachtung und Verletzung der Rechte anderer, sowie der beabsichtigte oder in Kauf nehmende Beschädigung von Objekten oder die Schädigung anderer Menschen und Lebewesen (Sass et al., 1998; Klein, 2000, S. 22). Weiterhin ist sie gekennzeichnet durch den Mangel an Empathie und Schuldbewusstsein, einer generellen Missachtung anderer Menschen, einer Kontrolllosigkeit der eigenen Emotionen und des eigenen Temperaments und die Unfähigkeit zum Aufbau und der Aufrechterhaltung von Freundschaften und Beziehungen. Ein vermindertes Angstempfinden und eine ausgeprägte Verantwortungslosigkeit sind weitere Merkmale dieser Störung (Becker, 2014, S. 54; Maltby, 2911, S. 820). Kommt sie in einer extremen Ausprägung vor, wird diese Art der Störung als Psychopathie bezeichnet.

2.2.1 Diagnose

Um die Antisoziale Persönlichkeitsstörung diagnostizieren zu können muss die Person, laut des DSM-IV, mind. 18 Jahre alt sein und anders als bei anderen Persönlichkeitsstörungen, müssen bereits vor Vollendung des 15. Lebensjahres Hinweise der Störung erkennbar sein. Das Verhalten darf zudem nicht ausschließlich im Verlaufe einer Schizophrenie oder einer manischen Episode auftreten. Die Diagnose wird gestellt, wenn die Verhaltensauffälligkeiten klinisch signifikante Einschränkungen der sozialen, schulischen oder beruflichen Funktionsfähigkeit verursacht (Sass et al., 1998; Hodgins & De Brito, 2009, S. 117). Dabei müssen mind. drei von sieben der folgenden vom DSM-IV definierten Kriterien erfüllt sein (Sass et al., 1998):

- Das Versagen sich in Bezug auf gesetzmäßiges Verhalten gesellschaftlichen Normen anzupassen, was sich in wiederholtem Begehen von Handlungen äußert, die einen Grund für eine Festnahme darstellt
- Die Falschheit, die sich in wiederholtem Lügen, dem Gebrauch von Decknamen oder dem Betrügen anderer zum persönlichen Vorteil oder Vergnügen äußert
- Eine Impulsivität oder das Versagen, vorausschauend zu planen

- Eine Reizbarkeit und Aggressivität, die sich in wiederholten Schlägereien oder Überfällen äußert
- Die Rücksichtslose Missachtung der eigenen Sicherheit bzw. der Sicherheit anderer
- Eine durchgängige Verantwortungslosigkeit, die sich im wiederholten Versagen zeigt, eine dauerhafte Tätigkeit auszuüben oder finanziellen Verpflichtungen nachzukommen
- Eine fehlende Reue, die sich in Gleichgültigkeit oder Rationalisierung äußert, wenn die Person andere Menschen gekränkt, misshandelt oder bestohlen hat

Neben des DSM-IV ist die Internationale Statistische Klassifikation der Krankheiten und verwandter Gesundheitsprobleme (ICD) ein weiteres Klassifikationssystem, welches als ICD-10 häufig in der therapeutischen Praxis angewendet wird (Dilling et al., 2014; Becker, 2014, S. 50). Für eine Diagnose müssen laut der ICD-10 mind. drei von sechs Kriterien der folgenden Kriterien vorliegen:

- Eine deutliche Unausgeglichenheit in den Einstellungen und im Verhalten mehreren Funktionsbereichen, wie Affektivität, Antrieb, Impuls-kontrolle, Wahrnehmen und Denken sowie in den Beziehungen zu anderen
- Das abnormale Verhaltensmuster ist andauernd und nicht auf Episoden psychischer Krankheiten begrenzt, das abnormale Verhaltensmuster ist tiefgreifend und in vielen persönlichen und sozialen Situationen eindeutig unpassend
- Die Störungen beginnen immer in der Kindheit oder Jugend und manifestieren sich auf Dauer im Erwachsenenalter
- Die Störung führt zu deutlichem subjektivem Leiden, manchmal erst im späteren Verlauf
- Die Störung ist meist mit deutlichen Einschränkungen der beruflichen und sozialen Leistungsfähigkeit verbunden. Die Zustandsbilder dürfen zudem nicht auf neurologischen Schädigungen oder Erkrankungen oder anderen psychischen Störungen zurückzuführen sein (Sass et al., 1996; Leibing & Doering, 2006, S. 231).

Ein Diagnoseverfahren der Psychopathie ist die die Psychopathie- Checkliste (PCL-R) von Hare (1991). Um eine Person als psychopathisch diagnostizieren zu dürfen, müssen 15 von 20 definierten Kriterien vorliegen. Diese lassen in sich zwei Dimensionen einordnen. Die erste Dimension beinhaltet Verhaltensweisen, die mit dem Ausnutzen anderer Menschen zusammenhängen, z.B. konstantes Lügen, betrügerisch-manipulatives Verhalten oder Mangel an Schuldbewusstsein und Empathie. Die zweite Dimension bezieht sich auf verschiedene Facetten des impulsiven Verhaltens, z.B. Erlebnishunger, unzureichende Verhaltenskontrolle und Verantwortungslosigkeit. Weitere Kriterien, welche nicht dieser beiden Dimensionen zugeordnet sind, sind Promiskuität, d.h. häufig wechselnde Sexualpartner, eine vielgestaltige Kriminalität und die Tendenz viele kurzzeitige eheähnliche Beziehungen zu führen (Hare, 1991; Habermeyer & Herpertz, 2005, S. 131-136; Becker, 2014, S. 54-55).

3. Aufgabe B3: Kreativität

Im Unterkapitel 3.1 wird eine Abgrenzung des Konzepts der Kreativität vom Konzept der Intelligenz vorgenommen. Im Unterkapitel 3.2 wird erläutert, wie Kreativität gemessen werden kann. Anhand von Beispielen aus dem beruflichen Alltag wird im Unterkapitel 3.2 erläutert, welche kreativitätsfördernden und kreativitätsgefährdenden situativen Einflüsse es gibt.

3.1 Abgrenzung Kreativität und Intelligenz

Der Begriff der Intelligenz ist eine der meisterforschten Persönlichkeitseigenschaften in der Psychologie, sowohl in Bezug auf die Dauer der empirischen Forschung als auch in Bezug auf ihre Masse an Daten. Daher gibt es keine einheitliche Definition. Psychologen wie Spearman, Thurstone, Sternberg und Cattell definieren Intelligenz auf unterschiedliche Weise. Die meisten Intelligenzdefinitionen enthalten allerdings zwei wichtige Bestimmungsmerkmale, zum einen die biologische bzw. soziale Anpassungsfähigkeit an neue, bislang nicht erfahrene oder erlernte Problem- oder Aufgabensituationen bzw. Umweltbedingungen und zum anderen das Postulat nach Ökonomie der Verfügungsmittel in der Mittel-Zweck-Relation (Heller, 1976, S. 6-7). So kann die Intelligenz grob beschrieben werden als allgemeine Fähigkeit zum Denken oder Problemlösen in neuartigen Situationen, die nicht durch Lernerfahrungen bekannt sind, sodass keine automatisierten Handlungsroutinen zur Problemlösung eingesetzt werden können (Perleth, 2008, S. 15). Nach Wechsler (1961) sollte dieses Problemlösen zudem zweckvoll und vernünftig, d.h. ökonomisch sein (Heller, 2000).

Kreativität stammt von dem lateinischen Wort „creare" und bedeutet „erschaffen". Sie beschreibt also in erster Linie das schöpferische und gestalterische Potenzial einer Person (Pastoors, 2018, S. 81). Kreatives Denken bringt neue Fragen, überraschende Einsichten und originelle Problemlösungen hervor und hängt mit der Offenheit gegenüber neuen Erfahrungen und Nonkonformismus, d.h. Unkonventionalität, Autonomiestreben und Eigenwilligkeit zusammen (Asendorpf, 2019, S. 102; Simonton, 2000, S.151-159). Komplexität ist typisch für kreative

Menschen. Bei ihnen vereinen sich Denk- und Handlungsstrategien, die bei anderen Menschen nur getrennt zu finden sind. (Csikszentmihalyi, 2005; Laux, 2008, S. 314). Sie sind in der Lage Bekanntes umzustrukturieren und gedanklich normalerweise weit voneinander entfernt liegende Elemente so zu verknüpfen, dass das Ergebnis subjektiv als neu empfunden wird (Becker, 2014, S. 115). Zudem sind sie in der Lage ihre schöpferischen Fantasien miteinzubringen und dabei ihren ausgeprägten Realitätssinn nicht zu verlieren (Csikszentmihalyi, 2005; Laux, 2008, S. 314).

Das Intelligenzstrukturmodell vom Psychologen Joy Paul Guilford war richtungsweisend für die Integration von Faktoren kreativen Problemlösens. Er bezog Intelligenz und Kreativität auf zwei Arten von Problemlösungsprozessen: das konvergente Denken und das divergente Denken (Guilford, 1950). Konvergentes bzw. einheitliches Denken wird erfordert, wenn ein Problem genau eine richtige Lösung hat, die in der Regel auch bekannt ist, wie z.B. bei klassischen Intelligenzaufgaben. Divergentes bzw. verschiedenes Denken wird erfordert, wenn die Hauptaufgabe des Problems darin besteht, die Problemstellung erst klar zu definieren und es in Abhängigkeit von den möglichen Problemstellungen unterschiedliche Lösungen gibt (Asendorpf, 2019, S. 102). Dabei geht es darum, möglichst viele originelle Ideen zu einem gebotenen Problem zu entwickeln, zu elaborieren und ggf. gegeneinander abzuwägen (Perleth, 2008, S. 27). Im Problemlösungsprozess wird aus vorhandenem Wissen geschöpft und Element neu kombiniert. Aufgrund dieser ergebnisoffenen Kombination von Wissenselementen geht kreatives Problemlösen über intelligentes Verhalten hinaus (Perleth, 2008, S. 25-27).

Der Unterschied zwischen Intelligenz und Kreativität besteht nach alltagspsychologischer Vorstellung also darin, dass Intelligenz zur effektiven Lösung vorgegebener Probleme mit bekannter Lösung befähigt, während Kreativität die Fähigkeit zu schöpferischem Denken und Handeln ist (Asendorpf, 2019, S. 102). Es herrscht jedoch keine Einigkeit darüber, inwieweit es sich bei Intelligenz und Kreativität um zwei voneinander unabhängige Konstrukte handelt (Laux, 2008, S. 314). In dieser Hinsicht stößt Guilfords kognitiver Ansatz zur Operationalisierung auf seine Grenzen. Als bestätigt gilt jedoch, dass Intelligenz auf jedem Niveau eine notwenige, aber keine hinreichende Bedingung für kreative Leistungen darstellt (Karwowski et al., 2016).

3.2   Kreativität messen

Kreativität wird häufig mit Testaufgaben, sowie Fremd- und Selbstbeurteilungs-studien erfasst. Kreativitätstests, die von Guilford und anderen Autoren entwickelt wurden, sollen vor allem vier Komponenten der Fähigkeit zum divergenten Denken erfassen:

- Die Sensitivität gegenüber Problemen, indem z.b. naheliegende Erklärungen von Sachverhalten geschildert werden und dann nach Alternativerklärungen gefragt wird
- Die Flüssigkeit des Denkens, indem z.b. möglichst viele Verwendungs-möglichkeiten eines Gegenstandes in kurzer Zeit aufgezählt werden sollen
- Die Originalität des Denkens, indem z.b. nach entfernt liegenden Analogien zu vorgegeben Aussagen gefragt wird
- Die Flexibilität des Denkens, indem der Suchraum für mögliche Lösungen immer wieder erweitert wird (Asendorpf, 2019, S. 103).

Um die verbale Kreativität zu messen, können Versuchspersonen bspw. aufgefordert werden, Sätze mit Wörtern zu vorgegebenen Anfangs-buchstaben zu bilden. Die Technische Kreativität kann gemessen werden, indem originelle Verwendungen für Alltagsgegenstände produziert werden müssen, z.B. einen befeuchteten Wollfaden als Stromleiter verwenden (Perleth, 2008, S. 27). Zu Kreativitätstests im deutschsprachigen Raum gehört z.B. der Verbale Kreativitätstest von Schoppe (1975) und der Verwendungstest (VWT) von Facaoaru (1985).

3.3   Kreativität im beruflichen Alltag

Kreativität ist ein unverzichtbarer Bestandteil des Schöpfungs- und Überlebens-prozesses des Gewerbes. Die Fähigkeit kreativ denken zu können schafft die Grundlage für die Entwicklung von Innovation. Aus diesem Grund ist es sinnvoll, im Rahmen des beruflichen Kontextes, kreativitätsfördernde situative Einflüsse zu schaffen und gleichzeitig kreativitätsgefährdende Einflüsse zu minimieren.

Die Innovationsforscher Vahs und Trautwein benennen fünf wesentliche kreativitätsfördernde Faktoren am Arbeitsplatz:

- Vertrauen in die Mitarbeiter, um eigenverantwortliches Handeln zu fördern und kreative Freiräume zu schaffen, z.B. durch genügend Freiräume
- Ein Hoher Stellenwert von Innovation und Kreativität im Unternehmen, z.B. durch ein glaubwürdiges Vorleben des Managements
- Gezielte Förderung innovativer Mitarbeiter, z.B. indem besonders innovative Mitarbeiter zu Vorträgen und Veröffentlichungen ermutigt werden
- Hohe Toleranz gegenüber Fehlern und Misserfolgen, z.B. indem auf Sanktionierung verzichtet wird
- Offenes Informations- und Kommunikationsverhalten des Managements, z.B. indem wichtige Informationen allen am Innovationsprozess beteiligten Personen rechtzeitig und im ausreichenden Maß zur Verfügung gestellt werden (Pastoors, 2018, S. 87; Vahs & Trautwein, 2005, S. 3-4).

Zu Störfaktoren, die kreative Denkprozesse hemmen gehören Angst, Perfektionismus, Stress, Zweifel, Routine, d.h. zwanghaftes Festhalten an starren Denk- und Verhaltensmustern und blockierende Prinzipien (Blumenschein & Ehlers, 2016, S. 28-37). Eine Reihe weiterer kreativitätshemmende und kreativitätsfördernde Faktoren wurden von Amabile (1988) benannt:

- Beaufsichtigung führt dazu, dass alle Impulse zur Risikobereitschaft und Kreativität gehemmt werden
- Bewertung führt zur Fokussierung auf Kritik und externale Evaluation
- Unangemessene Belohnungssysteme hemmen intrinsisches Vergnügen und Motivation
- Wettbewerb verhindert die Möglichkeit das Tempo der Fortschritte selbst zu bestimmen und führt zu einer Abwehrhaltung
- Bevormundung führt zu Verlust von Selbstständigkeit und Exploration
- (Zeit-)Druck steigert die Abneigung und hemmt kreatives Flow-Erleben
- Einschränkung führt zu Verlust von Kontrolle über eigene Arbeit und Ideen
- Unzureichende oder unangemessene Ressourcen, z.B. Teammitglieder, Material, Einrichtungen behindern kreative Prozesse (Ambile, 1988, S. 147-148; Ellebracht et al., 2018)

4. Literaturverzeichnis

Amabile, T. M. (1988). A model of creativity and innovation in organizations. Research in organizational behavior, 10 (1), S. 123-167

Asendorpf, J. B. (2012). Psychologie der Persönlichkeit. 5. Auflage. Berlin, Heidelberg: Springer

Barysch K. (2016) Selbstwirksamkeit. In: Frey D. (eds) Psychologie der Werte. Berlin, Heidelberg; Springer. https://doi.org/10.1007/978-3-662-48014-4_18

Becker, B. (2014). Grundlagen der Differenziellen und Persönlichkeitspsychologie. Riedlingen: SRH Fernhochschule

Becker, B. (2014). Praxisfelder der Differenziellen und Persönlichkeitspsychologie. Riedlingen: SRH Fernhochschule

Blumenschein A. & Ehlers I. (2016) Kreativität fördern. In: Ideen managen. Wiesbaden: Springer Gabler. https://doi.org/10.1007/978-3-658-09579-6_1

Bridges, M. W., Scheier, M. F. & Carver, C. S. (2001). Optimism, pessimism, and psychological well-being. In E. C. Chang (Ed.): Optimism and pessimism: Implications for theory, research, and practice, S. 189–216. Washington, DC: American Psychological Association

Castaneda, J. O., Segerstrom, S. C. & Spencer, T. E. (2004). Optimism effects on cellular immunity: Testing the affective and persistence models. Personality and Individual Differences, 35, S. 994-1000

Compas, B. E., Connor-Smith, J. K., Saltzman, H., Thomsen, A. H., & Wadsworth, M. E. (2001). Coping with stress during childhood and adolescence: Problems, progress, and potential intheory and research. Psychological Bulletin, 127, S.87–127

Connor-Smith, J. K., & Flachsbart, C. (2007). Relations between personality and coping: A meta-analysis. Journal of Personality and Social Psychology, 93, S.1080–1107

Day, L., Macaskill, A. & Maltby, J. (2011). Differentielle Psychologie, Persönlichkeit und Intelligenz. 2. Auflage, Pearson Studium

De Brito, S. & Hodgins, S. (2009). Die Antisoziale Persönlichkeitsstörung des DSM-IV-TR - Befunde, Untergruppen und Unterschiede zu Psychopathy. Forensische Psychiatrie, Psychologie, Kriminologie *3* (2), S. 116–128, https://doi.org/10.1007/s11757-009-0124-x

Dilling, H., Mombour, W., Schmidt, M. H. & Schulte-Markwort, E. (Hrsg.). (2006). ICD-10 Kapitel V (F). Diagnostische Kriterien für Forschung und Praxis 4. Auflage. Bern: Hueber

Doering, S. & Leibing, E. (2006). Diagnostik von Persönlichkeitsstörungen. Psychotherapeut 51, S. 229–244. https://doi.org/10.1007/s00278-006-0488-8

Dul, J., Gralewski, J., Karwowski, M. et al. (2016). Is creativity without intelligence possible? A necessary condition analysis. Intelligence, 57, S. 105–117.

Ellebracht H., Lenz G., Geiseler L. & Osterhold G. (2018) Kreativität und Innovation. In: Systemische Organisations- und Unternehmensberatung. Wiesbaden: Springer Gabler. https://doi.org/10.1007/978-3-658-21476-0_3

Eschenbeck, H. & Kohlmann, CW. (2017) Stressbewältigung und Persönlichkeit. In: Fuchs R., Gerber M. (eds) Handbuch Stressregulation und Sport. Springer Reference Psychologie. Berlin, Heidelberg: Springer. https://doi.org/10.1007/978-3-662-49411-0_2-2

Facaoaru, C. (1985). Kreativität in Wissenschaft und Technik. Bern: Huber.

Faltermaier, T. (2005). Gesundheitspsychologie. Grundriss der Psychologie Band 21. Stuttgart: Kohlhammer

Felfe, J. (2006). Transformationale und charismatische Führung – Stand der Forschung und aktuelle Entwicklungen. Zeitschrift für Personalpsychologie 5 (4), S. 163–176.

Ferrari, J. R. & Beck, B. L. (1998). Affective responses before and after fraudulent excuses by academic procrastinators. Education, 118, S. 529–537

Fiedler, P. (2000). Persönlichkeitsstörungen. In Lehrbuch der Verhaltenstherapie, S. 395-411. Berlin, Heidelberg: Springer

Folkman, S. & Lazarus, R. S. (1984). Coping and adaptation. In W.D. Gentry (Ed.), The handbook of behavioral medicine, S. 282–325). New York: Guilford

Friedman, M. & Rosenman, R. H. (1974). Type A Behavior and your heart. Greenwich: Fawcett

Gröninger, S., & Stade-Gröninger, J. (1996). Progressive Relaxation. Indikation, Anwendung, Forschung, Honorierung. München: Pfeiffer

Gross,J. (1998). Antecedent- and response- focused emotion regulation: Divergent consequences for experience, expression, and physiology. Journal of Personality and Social Psychology, 74, S.224-237

Guilford, J. P. (1950). Creativity. American Psychologist, 5, S. 444–454

Habermeyer, E. & Herpertz, S. (2005). Bedeutung des „psychopathy"-Konzepts von Hare für Sexualstraftaten. In Schläfke et al. (Hrsg.): Sexualstraftaten, Schattauer

Hamm, A. (1993). Progressive Muskelentspannung. In: D. Vaitl, & F. Petermann (Hrsg.), Handbuch der Entspannungsverfahren. Band 1: Grundlagen und Methoden, S. 245–264. Weinheim: Psychologie-Verlags-Union.

Hare, R. D. (1991). The Hare Psychopathy Checklist-Revised [PCL-R]. Toronto, Ontario: Multi-Health Systems

Heckhausen, J. & Schulz, R. (1995). A life-span theory of control. Psychological Review, 102, S. 284–304

Heller, K. A. (1976). Intelligenz und Begabung, S. 6-7. München: Ernst Reinhardt Verlag

Jacobson, E. (2006). Entspannung als Therapie. Progressive Relaxation in Theorie und Praxis. 6. Auflage. München: Klett-Cotta.

Klein, M. (2000). Antisoziales Verhalten, Antisoziale Persönlichkeitsstörung und Alkoholismus. Suchttherapie, 1 (01), S. 22

Knoke, M. (2016). Wissenschaftliches Arbeiten und Schreiben. 4. Auflage. Riedlingen: SRH Fernhochschule

Laux, L. & Renner, K. H. (2000). Soziale Sättigung: Das Ende der Persönlichkeitstests in der Postmoderne? Zeitschrift für Differentielle und Diagnostische Psychologie, 21, S. 279–294

Myrtek, M. (1998). Gesunde Kranke – kranke Gesunde. Psychophysiologie des Krankheitsverhaltens. Bern: Huber

Ohm, D. (1992). Progressive Relaxation. Überblick über Anwendungsbereiche, Praxiserfahrungen und neuere Forschungsergebnisse. Report Psychologie 17(1), S. 27–43.

Pastoors S. (2018) Kreativität. Praxishandbuch berufliche Schlüssel-kompetenzen. Berlin, Heidelberg: Springer. https://doi.org/10.1007/978-3-662-54925-4_10

Pennebaker, J.W. & Watson, D. (1989). Health complaints, stress and disstress: Exploring the central role of negative affectivity. Psychological Review, 96, S. 234- 254

Perleth, C. (2008). Intelligenz und Kreativität. Handbuch der Pädagogischen Psychologie, S. 15-27. Göttingen: Hogrefe Verlag.

Powell, L. (1992). The cognitive underpinnings of coronary-prone behaviours. Cognitive Therapy and Research, 16, S. 123–142

Reinhardt, R. (2016). Grundlagen der empirischen Sozialforschung. 3. Auflage. Riedlingen: SRH Fernhochschule

Renner, B. & Salewski, C. (2009). Differentielle und Persönlichkeitspsychologie. München: Max Reinhardt Verlag

Sass, H., Wittchen, H.U., Zaudig, M. et al. (1998). Diagnostische Kriterien des Diagnostischen und Statistischen Manuals Psychischer Störungen DSM-IV. Deutsche Bearbeitung. Göttingen: Hogrefe

Schoppe, K. J. (1975). Verbaler Kreativitätstest (VKT). Göttingen: Hogrefe

Schwarzer, R. (1997). Psychologie des Gesundheitsverhaltens. 2. Auflage. Göttingen: Hogrefe

Simonton, D. K. (2000). Creativity: Cognitive, personal, developmental, and social aspects. American Psychologist, 55, S.151–158.

Skinner, E. A., Edge, K., Altman, J., & Sherwood, H. (2003). Searching for the structure of coping: A review and critique of category systems for classifying ways of coping. Psychological Bulletin, 129, S. 216–269.

Tice, D. M. & Baumeister, R. F. (1997). Longitudinal study of procrastination, performance, stress, and health: The costs and benefits of dawdling. Psychological Science, 8(6), S. 454–458

Titzmann, P. & Weber, H. (2003). Ärgerbezogene Reaktionen und Ziele: Entwicklung eines neuen Fragebogens. Diagnostica, 49, S. 97-109

Trautwein, H. & Vahs, D. (2005). Innovationskultur als Erfolgsfaktor des Innovationsmanagements. Esslingen: IO Management

Weber, H. & Vollmann, M. (2005). Handbuch der Persönlichkeitspsychologie und differentiellen Psychologie (S.524-534). Göttingen: Hogrefe

Wechsler, D. (1961). Die Messung der Intelligenz Erwachsener. Bern: Stuttgart

World Health Organization. (1987). Ottawa charter for health promotion. An international conference on health promotion. Copenhagen: WHO Office for Europe

BEI GRIN MACHT SICH IHR WISSEN BEZAHLT

- Wir veröffentlichen Ihre Hausarbeit,
  Bachelor- und Masterarbeit

- Ihr eigenes eBook und Buch -
  weltweit in allen wichtigen Shops

- Verdienen Sie an jedem Verkauf

Jetzt bei www.GRIN.com hochladen und kostenlos publizieren